PREMIER EXAMEN DU BACCALAURÉAT ÈS LETTRES

CLASSE DE RHÉTORIQUE

TABLEAUX SYNOPTIQUES

DE

L'HISTOIRE DE L'EUROPE

DEPUIS 1610 JUSQU'À 1789

1875

HISTOIRE DE L'EUROPE

DEPUIS 1610 JUSQU'A 1789.

LOUIS XIII.
(1610-1643.)

CONCINI (1610-17) : Régence de Louis XIII accordée par le Parlement à Marie de Médicis. — Sully quitte le Conseil. — Dilapidation des Finances. — Traité de Sainte-Menehould. — Etats généraux de 1614. — Louis XIII épouse *Anne d'Autriche*. — Traité de Loudun, Condé. — Assassinat de Concini.

DE LUYNES (1617-21) : Querelles entre la reine-mère et son fils. — Réunion du Béarn et de la Navarre à la couronne. — Guerre contre les Protestants du Midi. — Traité de Montpellier (1622).

RICHELIEU (1624-1642).

Son apparition en 1614, ses progrès successifs, son caractère. — Sa politique ramenée à trois buts :

1° *Ruine des Protestants :* Siège et prise de La Rochelle. — Henri de Rohan et Soubise. — Prise d'Alais (1629);

2° *Destruction de la Noblesse :* Conspiration de Chalais. — Journée des Dupes. — Montmorency. — Création des Intendants. — Cinq-Mars et de Thou.

3° *Abaissement de la maison d'Autriche :* Traités de Ratisbonne et de Chérasco. — Intervention dans la guerre de 30 ans. — Alliance avec Gustave-Adolphe.

Fondation de l'Académie française (1635). — La Sorbonne. — Palais-Royal. — Jardin des Plantes. — Urbain Grandier. — Saint Vincent de Paul. — Vœu de Louis XIII. — Mazarin.

GUERRE DE TRENTE ANS.

(1618-1648.)

CAUSES. — *La Religion et l'ambition de la maison d'Autriche.* — Rodolphe II et Mathias. — Ligues protestantes, ligues catholiques. — Défénestration de Prague (1618).

GUERRE.

1° *Période palatine* (1618-23) : Frédéric V, électeur palatin, lutte contre Ferdinand II. — Siége de Vienne. — Bataille de Prague. — Fuite de l'électeur.

2° *Période danoise* (1625-29) : Intervention de Christian IV, roi de Danemark, en faveur des Protestants ; il est battu à Lutter par Tilly pendant qu'Ernest de Mansfeld et Christian de Brunswick échouent contre Wallenstein. — Siége de Stralsund. — Violences de l'Édit de restitution. — Traité de Lubeck (1629).

3° *Période suédoise* (1630-35) : Secours de Gustave-Adolphe, roi de Suède, aux Protestants. — Sac de Passewalk et de Magdebourg. — Bataille de Leipzig, désastre et mort de Tilly au Lech. — Wallenstein généralissime. — Lutzen, mort de Gustave-Adolphe (1632). — Oxenstierna. — Mort de Wallenstein (1634). — Nordlingen. — Paix de Prague (1635).

4° *Période française* (1635-48-59) : Contre Ferdinand III. — Bernard de Saxe-Weimar.

RICHELIEU. — Occupation de la Valteline. — Victoire d'Avein. — Alliance de Christine. — Corbie, Père Joseph. — Saint-Jean de Losne. — Rheinfelden. — Fribourg. — Brisach. — Arras (1640). — Wolfenbuttel et Kempen. — Turin. — Perpignan (1642). Sur mer : ravages de Sourdis sur les côtes d'Espagne.

Succès de Condé à Rocroy, à Fribourg et à Nordlingen (1643-44-45). — Prise de Dunkerque. — Victoire de Lens (1648).

TRAITÉS.

MAZARIN. — Traité de *Westphalie* (1648) entre France, Allemagne, Autriche, Suède : Acquisition de l'Alsace. — Indépendance des Provinces-Unies et de la Suisse. — En Allemagne, ruine de l'autorité impériale et liberté de conscience. — Système d'équilibre européen.

Traité des *Pyrénées* (1659) entre la France et l'Espagne : Acquisition du Roussillon et de l'Artois en partie. — Mariage de Louis XIV et de Marie-Thérèse. — Dot.

ANGLETERRE.

LES STUARTS. — RÉVOLUTION DE 1648. — OLIVIER CROMWELL.

JACQUES Ier. (1603-25). — Prince faible, instruit, théologien, odieux aux Protestants et aux Catholiques. — Conspiration des poudres. — Il indispose la nation par ses luttes contre le Parlement, par son absolutisme, par sa faveur pour Buckingham. — Mais il a civilisé l'Irlande. — Guerre avec l'Espagne.

CHARLES Ier (1625-49). — RÉVOLUTION de 1648.	Impopularité de ce prince à cause de son mariage et de la faveur dont jouit Buckingham. — Défaite de la flotte anglaise. — Pétition des droits. — Assassinat de Buckingham. — Covenant d'Ecosse. — Long Parlement. — Newborn. — Condamnation et supplice de Strafford. — Guerre civile. — Cromwell. — Newbury. — Naseby. — Charles, prisonnier. — Niveleurs. — *Rump* parlement. — Jugement et supplice du roi (1649).

CROMWELL. — *République :* Abolition de la Chambre haute. — Protestations royalistes : Troubles en Irlande réprimés par Cromwell. — Charles II en Ecosse. — Victoires de Cromwell à Dunbar et à Worcester. — Acte de navigation contre les Hollandais.

Protectorat de Cromwell (1653-58) : *Rump* dissous. — Ordre, force, liberté religieuse. — Paix avec la Hollande. — Son alliance recherchée par Mazarin. — Acquisition de Dunkerque et de la Jamaïque. — Mort de Cromwell (1658). — Incapacité de son fils Richard. — Son abdication. — *Rump* rétabli. — Monck. — Restauration des Stuarts en 1660 : Charles II.

LOUIS XIV.
(1643-1715).

§ 1er. — Minorité de Louis XIV (1643-61).

MAZARIN. — Anne d'Autriche régente. — Cabale des Importants : Duc de Beaufort.

LA FRONDE (1648-53).	FRONDE PARLEMENTAIRE (1648-49).	Arrêt d'union. — Broussel. — Barricades. — Cour quitte Paris avec Mazarin, Gaston, Condé. — Molé, cardinal de Retz, Turenne. — Charenton. — Rueil (1649).
	FRONDE DES PRINCES (1650-53).	Les Petits-Maîtres. — Arrestation. — Exil de Mazarin. — Bléneau. — Faubourg Saint-Antoine (1652) : Mlle de Montpensier.

GUERRE.	DE 30 ANS.	Rocroy. — Lens. — Traité de *Westphalie* (1648) : Alsace, Philippsbourg, Pignerol, Brisach, 3 Evêchés.
	AVEC L'ESPAGNE.	Condé. — Arras, Valenciennes (1655). — Alliance de Cromwell (1657). — Les Dunes : *(Don Juan d'Autriche, Turenne)* 1658. — Dunkerque.

TRAITÉ DES PYRÉNÉES (1659). Roussillon. — Artois en partie. — Mariage de Louis XIV et de Marie-Thérèse. — Dot.

Mort de Mazarin (1661). Il avait fondé le collège des Quatre-Nations et la bibliothèque Mazarine.

§ 2. — Guerre de Flandre (1667-68).

CAUSE. — Mort de Phillippe IV (1665). — Coutume du Brabant : Droit de dévolution.

GUERRE. { Louis XIV en Flandre. — Lille (1667). — Fêtes à Saint-Germain.
{ Louis XIV en Franche-Comté (1668) : Rapidité. — Hiver. — Besançon. — Dôle.

TRAITÉ. { d'Aix-la-Chapelle { Causé par la triple alliance : Jean de Witt. — On garde la
{ (1668). { Flandre. — On rend la Franche-Comté.

§ 3. — Guerre de Hollande (1672-79).

CAUSE. — Attitude de la Hollande. — Partis de terre et de mer. — Alliance de l'Angleterre.

GUERRE. {

1re PÉRIODE (Pays-Bas). { Passage du Rhin (1672) : Boileau. — Invasion de la Hollande. — Guillaume d'Orange, Stathouder. — Mort des Witt. — Rupture des digues, Amsterdam. — Coalition à la Haye (1673).

2me PÉRIODE. {
Maëstricht (1673). — Besançon. — Sénef, Condé (1674).

Turenne sur le Rhin. { Sintzheim. — Palatinat. — Ensheim. — Turkheim. — Montécuculli. — Saltzbach (mort de Turenne, 1675).

Créqui : Consarbruck. — Condé — († à Chantilly, 1696). Valenciennes. — Cambrai. — Mont-Cassel. — Saint-Omer. — Fribourg. — Espouilles. — Gand et Ypres (1676, 77, 78).

Sur mer. { Duquesne et Ruyter : Messine, Stromboli, Palerme (1676). — D'Estrées et les Hollandais : — Cayenne, Tabago, Gorée (1677).

TRAITÉ de Nimègue (1679). . . { Flandre et Franche-Comté. — Guillaume à Mons. — Duc de Lorraine. — Louis-le-Grand. — Mal de la Feuillade.

§ 4. — Guerre de la ligue d'Augsbourg (1686-97).

CAUSES. {

Acquisitions de Louis XIV. { Chambres de réunion. — Strasbourg. — Casale. — Luxembourg. — Trève de Ratisbonne (1684).

Alger. — Gênes, son Doge. — Rome, Innocent XI. — Révocation de l'Édit de Nantes (1685). — Schomberg.

Ligue d'Augsbourg (1686). { Allemagne, Espagne, Suède, Hollande, Savoie, — puis Angleterre.

Révolution en Angleterre (1688). { Charles II. — Restauration des Stuarts. — Jeffery. — Whigs et tories. — Jacques II. — Ministère de Sunderland. — Révolution. — Fuite de Jacques II. — Avénement de Guillaume II. et de Marie fille de Jacques II. — Déclaration des droits.

GUERRE.	ANGLETERRE.	*Jacques II :* La Boyne (1690), Kilkonnel.— La Hogue (1692), Saint Vincent (1693) : *Tourville.* — Jean-Bart.
	ITALIE :	*Catinat :* Staffarde (1690), la Marsaille (1693). Baïonnette.
	PAYS-BAS ET ALLEMAGNE.	Palatinat. — Valcourt. — Namur (*Cohorn et Vauban*). *Luxembourg* : Fleurus, Leuze, Steinkerque, Nerwinde (1690-93).
TRAITÉ	DE RYSWICK (1697).	Strasbourg. — Guillaume III reconnu roi d'Angleterre. — Mariage du duc de Bourgogne. — Lorraine restituée.

§ 5. — Guerre de la Succession d'Espagne (1701-14).

CAUSES		Charles II et ses cinq testaments. — Traités de La Haye.— Sa mort (1700). — Philippe V reconnu. — Prétentions de Louis XIV. — Grande alliance à La Haye (1701). — Heinsius, Malborough, Prince Eugène. — Guillaume III meurt en 1702. — Anne Stuart.
GUERRE.	ITALIE.	Chiari, Crémone : *Villeroi* (1702). — Santa-Vittoria, Luzzara (1702), Cassano (1705) et Calcinato (1706) : *Vendôme.* — Défaite de Turin : *Prince Eugène* (1706).
	ESPAGNE.	Gibraltar (1704). — Archiduc Charles (Charles III) à Madrid. — Almanza : *Berwick* (1707). — Villaviciosa : *Vendôme* (1710). — Duguay-Trouin.
	ALLEMAGNE ET PAYS-BAS.	Friedlingen, Hochstœdt : *Villars* (1702-03). —Spire : *Tallard* (1703). — Camisards.— Hochstœdt : *(Tallard et Marsin).* —Ramillies : *(Villeroi, Malborough)* (1706).—Oudenarde. — Lille. — Malplaquet, Denain : *Villars* (1709-12). — Hiver de 1709.
TRAITÉS		Négociations douloureuses. — Archiduc Charles, empereur. (Charles VI) (1711).— Whigs renversés en Angleterre.— Trève de Londres (1711). — Denain.
		UTRECHT (1713), avec l'Angleterre. — RASTADT (1714) avec l'empereur. — Philippe V reconnu. — Duc de Savoie, roi. — Electeur de Brandebourg, roi de Prusse. — (Acadie, Terre-Neuve), Dunkerque. — (Sardaigne, Milan, Pays-Bas à l'Empire).

SIÈCLE DE LOUIS XIV.

GOUVERN et ADMINIST^{on}.

COLBERT (1619-1683).

Finances : Réduction des dettes. — Ordre. — Economie. — Budget.

Industrie : Abbeville, Sédan. — Gobelins. — Sèvres. — Saint-Gobain. — Lyon et Tours. — Aubusson. — Système protecteur.

Agriculture : Diminution des tailles. — Haras. — Dessèchement.

Commerce : Canal du Midi (Riquet). — Colonies : Compagnies des Indes.

Marine : Inscription maritime. — Ecoles. — Ports. — Flotte de guerre. — Arsenaux.

Intérieur : Six codes. — Police. — Fiacres. — Pompiers.

LOUVOIS (1641-91).

Organisation militaire : Ordre du Tableau. — Bayonnette. — Ecoles d'artillerie. — Uniforme. — Ordre de Saint-Louis. — Hôtel des Invalides. — 450,000 soldats. — Compagnies de cadets.

Vauban (1633-1707).

Fortifications des frontières. — Siéges. — Parallèles.

Affaires Religieuses : Révocation de l'Edit de Nantes (1685). — Dragonades. — Camisards. — Régale. — Déclaration de 1682. — Quiétisme. — Jansénisme. — Port-Royal. — Bulle *Unigenitus*.

LETTRES.

Eloquence : Bossuet. — Bourdaloue. — Massillon. — Fléchier. — Fénelon.

Poésie : Boileau. — Corneille. — Racine. — Molière. — La Fontaine.

Divers : Mme de Sévigné. — Ch. Perrault. — La Bruyère. — La Rochefoucauld. — D'Aguesseau. — Santeuil.

Philosophie et Théologie : Descartes. — Gassendi. — Spinosa. — Malebranche. — Bayle. — Arnauld. — Pascal. — Nicole. — Bossuet. — Fénelon. — Leibnitz. — Locke.

Histoire : Bossuet. — Mezeray. — Fleury. — Mabillon.

Mémoires : Cardinal de Retz. — Saint-Simon.

Géographie : Bochart. — Sanson. — Delisle.

SCIENCES.

Mathématiques : Képler. — Newton. — Descartes. — Tycho-Brahé. — Pascal. — Galilée.

Physiques : Torricelli. — Otto de Guéricke. — Mariotte. — Papin. — Huyghens.

Naturelles : Tournefort. — *Médecine :* Harvey, Fagon, méd. de Louis XIV.

ARTS.

Peinture : Poussin. — Philippe de Champaigne. — Mignard. — Lesueur. — Lebrun. — Claude le Lorrain.

Sculpture : Puget. — Girardon. — Coysevox. — *Gravure :* Callot. — Nanteuil. — Audran.

Architecture : F^s et J^s Mansard. — Perrault. — Lenôtre. — *Musique :* Lulli.

Monuments : Colonnade du Louvre. — Versailles. — Marly. — Hôtel des Invalides. — Val de Grâce. — Observatoire. — Palais Mazarin. — Portes Saint-Denis et Saint-Martin.

Académies : des Sciences, des Inscriptions, de Peinture et de Sculpture, de Musique.

GÉNÉALOGIE

DE LA MAISON ESPAGNOLE D'AUTRICHE DEPUIS PHILIPPE III.

(Pour l'intelligence de la guerre de la Succession d'Espagne).

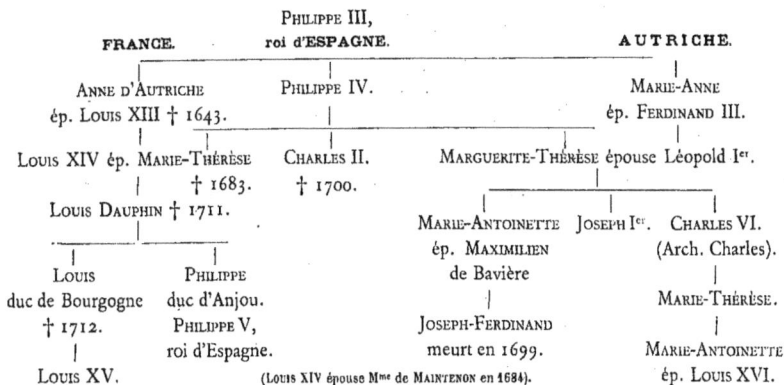

	PHILIPPE III,	
FRANCE.	**roi d'ESPAGNE.**	**AUTRICHE.**

ANNE D'AUTRICHE
ép. LOUIS XIII † 1643.

PHILIPPE IV.

MARIE-ANNE
ép. FERDINAND III.

LOUIS XIV ép. MARIE-THÉRÈSE
† 1683.

CHARLES II.
† 1700.

MARGUERITE-THÉRÈSE épouse Léopold Iᵉʳ.

LOUIS DAUPHIN † 1711.

MARIE-ANTOINETTE
ép. MAXIMILIEN
de Bavière

JOSEPH Iᵉʳ.

CHARLES VI.
(Arch. Charles).

LOUIS
duc de Bourgogne
† 1712.

PHILIPPE
duc d'Anjou.
PHILIPPE V,
roi d'Espagne.

JOSEPH-FERDINAND
meurt en 1699.

MARIE-THÉRÈSE.

LOUIS XV.

(Louis XIV épouse Mᵐᵉ de MAINTENON en 1684).

MARIE-ANTOINETTE
ép. LOUIS XVI.

LOUIS XV.

(1715-1774.)

§ 1ᵉʳ.

**RÉGENCE
DU DUC D'ORLÉANS.
(1715-1723).**

Régence accordée par le Parlement au duc d'Orléans. — Restitution du droit de remontrance. — Corruption de la Cour. — Dubois. — Embarras des finances. — Système de *Law* (1716) : Banque royale, Compagnie du Mississipi. — Peste de Marseille.
Albéroni. — Conspiration de Cellamare. — Triple et quadruple alliance : (France, Angleterre, Hollande. 1717), puis Empire (1718).— Traité (1720) : Albéroni sacrifié. — Projet de mariage de l'infante avec Louis XV.—Majorité du roi (1723).

Ministère de Dubois, archevêque de Cambrai et cardinal, puis du *duc d'Orléans*, mort en 1723.

Ministère du duc de Bourbon (1723-26) : Mariage de Louis XV avec *Marie Leckzinska*, et renvoi de l'infante.

Economie. — Paix à tout prix. — Les convulsionnaires.

MINISTÈRE DE FLEURY (1726-1743).

GUERRE DE POLOGNE. (1733-38).

Cause : Mort d'Auguste II, roi de Pologne.

Guerre. Sur la Vistule, en Allemagne et en Italie, avec les maréchaux de Berwick, Villars et de Broglie.

Traité de Vienne. Lorraine et Barrois à Stanislas. — Pragmatique sanction garantie par la France.

Commencements de la guerre de la Succession d'Autriche.

TABLEAU GÉNÉALOGIQUE

POUR L'INTELLIGENCE DE LA GUERRE DE LA SUCCESSION D'AUTRICHE

(Faisant suite au tableau pour la Succession d'Espagne).

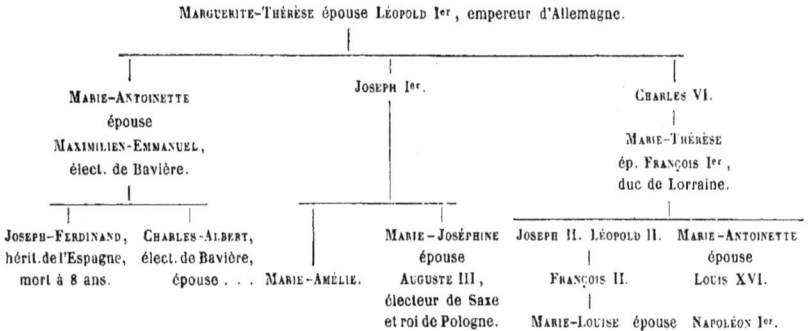

MARGUERITE-THÉRÈSE épouse LÉOPOLD Ier, empereur d'Allemagne.

MARIE-ANTOINETTE épouse MAXIMILIEN-EMMANUEL, élect. de Bavière.

JOSEPH Ier.

CHARLES VI.

MARIE-THÉRÈSE ép. FRANÇOIS Ier, duc de Lorraine.

JOSEPH-FERDINAND, hérit. de l'Espagne, mort à 8 ans.

CHARLES-ALBERT, élect. de Bavière, épouse . . . MARIE-AMÉLIE.

MARIE-JOSÉPHINE épouse AUGUSTE III, électeur de Saxe et roi de Pologne.

JOSEPH II. LÉOPOLD II.

FRANÇOIS II.

MARIE-LOUISE épouse NAPOLÉON Ier.

MARIE-ANTOINETTE épouse LOUIS XVI.

§ 2. — Guerre de la Succession d'Autriche (1741-48).

CAUSES.

Mort de l'empereur Charles VI. — Le roi de Pologne et l'électeur de Bavière disputent à Marie-Thérèse la couronne impériale.

Ambition de la Prusse qui, — sécularisée par Albert de Brandebourg, — agrandie sous Frédéric-Guillaume, — érigée en royaume en 1701, sous Frédéric Ier, — organisée militairement par Frédéric-Guillaume Ier, le roi sergent, civilisée sous Frédéric II, *convoitait la Silésie.*

Molwitz. — Comte de Belle-Isle. — Traités de Versailles et de Nymphenbourg (1741).

GUERRE.	Prise de Prague. — Charles VII couronné empereur (1742). — Marie-Thérèse à Presbourg. — Secours d'Angleterre et de Hollande. — Czaslau. — Traités de Breslau et de Berlin (1743). — Dettingen. — Retraite des Français. — Mort de Fleury. — Trève. — Mort de Charles VII, dont le fils traite avec Marie-Thérèse (1745). ————————
	Influence de la duchesse de Châteauroux. — Maladie de Louis XV. — Bataille de Fontenoy (1745). — Rocoux. — Lawfeld. — Prise de Maëstricht. — Marine détruite aux combats du cap Finistère et de Belle-Isle.
TRAITÉ.	*Traité d'Aix-la-Chapelle* (1748). — Restitution réciproque des conquêtes. — La Silésie au roi de Prusse. — Marie-Thérèse reconnue. — France rien. — Arrestation du prétendant Charles-Edouard. — Asiento. — Vaisseau de permission.

§ 3. — Guerre de sept ans (1756-63).

CAUSES.	*Rivalité maritime et coloniale de la France et de l'Angleterre* : Dupleix et de la Bourdonnais. — Capitulation de Madras (1746). — Pondichéry. — Rappel de Dupleix. — Limites des colonies d'Amérique.
	Marie-Thérèse regrette la Silésie. — Marquise de Pompadour. — Elisabeth. — Traité de Versailles (1756). — Coalition européenne contre la Prusse.

GUERRE	CONTINENTALE.		*Frédéric*, maître de la Saxe et vainqueur à Prague, — est battu à Kollin. — Il triomphe à Rosbach (1757), à Lissa, à Leuthen, à Zorndorf, — est anéanti à Kunersdorf, — mais est sauvé par la désunion de ses adversaires.
			Les Anglo-Hanovriens, ses alliés, sont vaincus à Hastenbeck, — capitulent à Closterseven, sont vainqueurs à Crevelt, mais repoussés à Clostercamp, où d'Assas (1760).
	MARITIME.		*Europe* : Port Mahon (1756). — Bataille de M⁰ de Conflans (1759).
		Indes :	Lally-Tollendal et Lord Clive. — Plassey (1756). — Pondichéry. — Supplice et réhabilitation de Lally-Tollendal.
			Amérique : Montcalm et Wolf. — Québec. — Perte du Canada (1759).

	Duc de Choiseul. — Pacte de famille (1761) : Bourbons de France, d'Espagne, des Deux-Siciles.
TRAITÉS.	Mort d'Elisabeth (1762). — Pierre III, puis Catherine II. — Traité de Saint-Pétersbourg. — Traité de PARIS (1763) entre France et Angleterre : Perte des Indes et du Canada. — Démolition de Dunkerque. — Cession de la Louisiane.
	Traité d'*Hubertsbourg* (1763) entre Prusse, Autriche et Pologne. — Silésie définitivement à la Prusse.
ÉVÉNEMENTS INTÉRIEURS DU RÈGNE DE LOUIS XV.	Madame de Pompadour. — Suppression des Jésuites par le pape Clément XIV (1773). — Réunion de la Lorraine (1766) et de la Corse (1768) à la France. — Madame du Barry renverse Choiseul. — Destruction des Parlements. — Pacte de famine. — Attitude de Louis XV pendant le partage de la Pologne. — Sa mort en 1774.

LUTTE DE LA SUÈDE ET DE LA RUSSIE.

Christine succède à Gustave-Adolphe (1632). — Son abdication, ses voyages. — *Charles X* : Guerres contre la Pologne, la Russie, etc. — *Charles XI* : Glorieux traités, monarchie absolue.

SUÈDE.

CHARLES XII (1697-1718).

Premières guerres : Danois soumis. — Russes vaincus à Narva. — Auguste II remplacé en Pologne par Stanislas Leckzinski (1700-4) — Paix d'Alt-Randstadt (1706).

Guerre en Russie : Charles XII pénètre en Russie (1708). — Mazeppa. — Bataille de Pultawa (1709). — Séjour de Bender. — Paix du Pruth. — Retour en Suède. — Stralsund. — Mort de Charles XII au siège de Frédérikshall (1718). — Traité de Nystadt (1721).

Réformes d'*Yvan III* et d'*Yvan IV*. — Les Romanoff : Nouvelles réformes.

RUSSIE.

PIERRE-LE-GRAND (1689-1725).

Il veut civiliser la Russie : Envoi de jeunes Russes en Europe. — 1ᵉʳ voyage en Hollande : Saardam. — En Angleterre, à Vienne. — 2ᵉ voyage en France (1717). — Réformes religieuses et politiques. — Destruction des Strélitz. — Lefort : Armée, marine. — Menzikoff. — Fondation de Saint-Pétersbourg (1703). — Mort de son fils Alexis.

Il veut s'agrandir : Occupation des provinces suédoises de la Baltique. — Conquête d'Azof. — Extension vers la Perse et la Sibérie.

L'œuvre de Pierre-le-Grand se continue sous ses successeurs : Catherine Iʳᵉ et son favori Menzikoff. — *Pierre II :* Exil de Menzikoff. — *La tzarine Anne :* Biren et Munich. — *Yvan IV.* — *Elisabeth Petrowna.* — *Pierre III* détrôné et assassiné par sa femme *Catherine II.*

CATHERINE II.

(1762-1796.)

L'infamie et la gloire se partagent son règne. — Elle correspondit avec Voltaire, d'Alembert, Diderot, et reçut le nom de *Grande.*

PARTAGE DE LA POLOGNE.

Mort d'Auguste III. — Poniatowski. — *Liberum veto.* — Confédération de Bar (1768).

1ᵉʳ *Partage* entre Russie, Prusse et Autriche (1772). — Frédéric-Guillaume se déclare pour les Polonais. — Abolition du *liberum veto.* — Catherine organise la confédération de Targowitz. — Les Polonais engagent une lutte désespérée.

2ᵐᵉ *Partage* entre Russie et Prusse (1793). — Kociusko. — Siége de Varsovie. — Souvaroff.

3ᵐᵉ *Partage* entre Russie, Autriche et Prusse (1795). — Abdication de Poniatowski.

GUERRES DE LA RUSSIE CONTRE LA SUÈDE.

Ulrique-Éléonore succède à Charles XII mais abandonne le gouvernement à *Frédéric de Hesse,* son mari. — Bonnets et chapeaux. — Pacte d'Abo (1743). — *Adolphe-Frédéric.*

Gustave III (1771-1792). — Coup d'État. — Allié aux Turcs. — Hogland (1788). — Viborg. — Paix de Véréla 1790). — Acte de réunion et de sûreté. — Il est assassiné par Ankarstrœm (1792).

GUERRES DE LA RUSSIE CONTRE LA TURQUIE.

Achmet III (1703-30). — *Mahmoud Iᵉʳ* relève la Turquie. — *Othman III.* — Guerre avec la Russie sous *Mustapha III* (1768). — Tchesmé. — Crimée cédée à Catherine par traité de Kaïnardji (1774). — Voyage de Catherine en Crimée. — Russie et Autriche attaquent Turquie soutenue par Gustave III. — Revers sous *Sélim III.* — Paix d'Yassy (1792). — Décadence de la Turquie.

Honteuse corruption de la cour de Catherine. — Potemkin. — Confédération du Nord, neutralité armée. — Mort de Catherine (1796).

PUISSANCE MARITIME ET COLONIALE DE L'ANGLETERRE.

GUILLAUME III (1688-1702).	Lutte contre les Anglicans, — contre l'Ecosse : bataille de Killikrankie, — contre Jacques II et Louis XIV : batailles de la Boyne et de la Hogue — est reconnu par la France à Ryswick.
ANNE STUART (1702-14).	Acte de succession. — Victoires de Malborough. — Godolphin. — Réunion de l'Ecosse à l'Angleterre (1707).
GEORGES Ier (1714-27).	Walpole. — Alliance avec le Régent de France.
GEORGES II (1727-60).	Corruption dans le gouvernement. — Chûte de Walpole. — Guerre avec la France : Fontenoy. — Charles Edouard à Culloden. — Succès de la marine anglaise sous *Pitt*.
GEORGES III (1760-1820).	La puissance française est détruite dans les Indes. — Traité de Paris (1763). Chûte de Pitt. — Funestes tendances de la politique anglaise à l'égard des colonies américaines.

CONQUÊTE DES ANGLAIS AUX INDES ORIENTALES.

ORIGINE DE LA DOMINATION ANGLAISE DANS L'INDE.	Les Portugais dans l'Inde avec Vasco de Gama (1497). — Efforts des Anglais pour aller dans l'Inde par le nord de l'Asie, le nord de l'Amérique, le détroit de Magellan, la Syrie et le golfe Persique. — Ruine du Portugal. — Affaiblissement de l'Espagne. *Compagnie des Indes,* fondée en 1600, protégée par Elisabeth. — Acquisition de Bombay par Charles II. — Nouvelle compagnie anglaise des Indes.— Réunion en 1702.
SES PROGRÈS RAPIDES.	Progrès simultanés de la France et de l'Angleterre dans les Indes, au début. — La Bourdonnais et Dupleix. — Lally-Tollendal et Lord Clive : Plassey. — La prise de Pondichéry et la paix de Paris assurent aux Anglais l'empire des Indes. Humiliation du Grand Mogol — Hyder-Aly sultan de Mysore : Traité de Madras (1769). — Acte de régularisation (1773). — Tippo-Saïb, fils d'Hyder : Traité de Mengalor (1784).

PROGRÈS ET SOULÈVEMENT DES COLONIES D'AMÉRIQUE.

ORIGINE des COLONIES ANGLAISES D'AMÉRIQUE.	*L'émigration* sous les Stuarts peuple les établissements de Virginie, dans l'Amérique du Nord. — Nouvelle Angleterre. — Guillaume Penn fonde Philadelphie (1683).— Guerre avec la France : Prise de Québec et conquête du Canada. Les relations avec la métropole d'abord fréquentes et intimes, se tendent, puis sont rompues par la guerre de l'indépendance.

GUERRE DE L'INDÉPENDANCE DES ÉTATS-UNIS.
(1774-1783.)

CAUSE. { *Les Impôts :* Impôt du timbre (1765). — Impôt du thé (1767). — *Franklin.* — Insurrection à Boston (1773).

GUERRE.

Congrès de Philadelphie (1774). — Lexington. — *Washington*, généralissime. — Échec au Canada. — Prise de Boston (1776). — Acte d'indépendance des treize Etats-Unis (1776) : son préambule. — Franklin en Europe négocie l'alliance de la France et de l'Espagne (1778).

SUR MER. { Bataille navale d'Ouessant. — Conquête de l'île de Grenade par d'Estaing qui échoue devant Savanah. — Amiral Rodney. — Ligue de la Neutralité armée (1780). — L'Angleterre s'empare des colonies hollandaises. — Exploits de Lamothe-Piquet, du bailli de Suffren et du comte de Grasse. — Bataille de la Guadeloupe. — Siége mémorable de Gibraltar (1782).

SUR LE CONTINENT AMÉRICAIN. { Washington, *Lafayette* et Rochambeau luttent contre les généraux Anglais Howe, Burgoyne, et Cornwalis qui capitule à Yorktown avec les débris de l'armée anglaise (1781).

TRAITÉ. { Paix de Versailles (1783) : Indépendance des Etats-Unis. — Restitution de Pondichéry. — Acquisition du Sénégal.

Mort de Franklin (1790). — Washington, président de la république des Etats-Unis (1789), meurt en 1799.

LOUIS XVI.
(1774-1789).

Caractère du roi et de la reine *Marie-Antoinette.* — Rappel des Parlements. — Abolition de la torture. — Maurepas.

TURGOT. { Son passé, ses ouvrages, son programme : — Libre circulation des grains. — Abolition des corvées et des douanes intérieures. — Egale répartition de l'impôt. — Suppression des jurandes et des maîtrises. — Sa chûte (1776). — Lamoignon de Malesherbes.

NECKER. { Guerre d'Amérique : Emprunts. — Réforme des finances. — Le compte-rendu, *conte bleu* (1781). — Sa disgrâce. — Joly de Fleury. — D'Ormesson.

DE CALONNE (1783). { Prodigalité. — Le déficit augmente. — Assemblée des notables (1787).

DE BRIENNE. { Lutte contre le Parlement exilé à Troyes et rappelé sans succès. — D'Eprémesnil et Montsabert. — Cour plénière. — Impopularité et chûte de Brienne (1788).

Nouveau ministère de Necker : Les Etats Généraux et la représentation des trois Ordres. — Seconde Assemblée des notables. — Elections (1789).

TABLEAU DES LETTRES, DES ARTS ET DES SCIENCES

AU XVIIIe SIÈCLE.

PHILOSOPHES.

Voltaire (1694-1778). — *Montesquieu* (1689-1755). — *J.-J. Rousseau* (1712-78). — Condillac. — Condorcet. — D'Holbach. — Helvétius. — La Mettrie. — Raynal. — Clarke. — Hume. — Thomas Reid. — Kant.

Encyclopédistes : Diderot et d'Alembert.

Apologistes : Bergier. — Guénée. — Barruel. — La Luzerne.

LITTÉRATEURS FRANÇAIS.

Voltaire, L. Racine, Gresset, Delille, Crébillon, J.-B. Rousseau, Piron, Gilbert, André Chénier, Marivaux, Lefranc de Pompignan, Lebrun, Ducis, Sedaine. — Vauvenargues. — La Harpe, Marmontel. — Lesage. — Beaumarchais. — Florian. — Bernardin de Saint-Pierre. — Saint-Simon. — Rollin, Crevier, Barthélémy. — Thomas, Champfort, D'Aguesseau, Mirabeau.

LITTÉRATURE ANGLAISE.

Poètes : Pope. — Young (Nuits). — Thompson (Saisons). — Chatterton. — Thomas Gray.

Prosateurs : Swift (Gulliver). — Daniel de Foë (Robinson Crusoé). — Addison (Spectateur). — Sterne (Voyage sentimental). — Chesterfield (Lettres). — Richardson (Clarisse Harlowe). — Goldsmith (Vicaire de Wakefield). — Robertson et Gibbon (Travaux historiques).

Orateurs : Lord Chatam. — Burke. — Fox. — Pitt.

LITTÉRATURE ALLEMANDE.

Poètes : Klopstock (Messiade). — Wieland. — Lessing (Laocoon). — Gessner (Mort d'Abel). — Bürger (Lénor). — Goëthe (1749-1832) (Faust, Werther). — Schiller (1759-1805) (Wallenstein, Guillaume Tell). — Les Stolberg.

Prosateurs : Herder, Jean de Muller, les Schlegel, Schlosser (Critique historique, érudition). — Lavater (Physiognomonie).

LITTÉRATURE ITALIENNE.

Métastase (Opéra). — Goldoni (Comédie). — Maffei et Alfieri (Tragédie). — Muratori (Erudition).

ÉCONOMISTES.

Vauban. — Quesnay. — Gournay. — Adam Smith. — Ricardo.

SCIENCES.

Mathématiques :
Euler. — D'Alembert (Géométrie). — Cassini (Carte de France). — La Condamine (Mesure du Méridien). — Clairaut. — Bossut. — Lagrange. — Monge (Géométrie Descriptive).

Astronomie :
Halley (Comètes). — Herschell (Planètes). — Bradley (Aberration de la lumière). — Lalande. — Lacaille. — Laplace (Mécanique Céleste). — Méchain. — Bailly.

Physique :
Papin (Vapeur). — Réaumur (Thermomètre). Watt (Machines à Vapeur). — Jouffroy (Bateaux à Vapeur). — Montgolfier (Aérostats). — Galvani (Electricité Animale). — Volta (Pile). — Francklin (Paratonnerre).

Chimie :
Cavendish (Hydrogène). — Priestley (Oxigène). — *Lavoisier* (Combustion, Analyse de l'Air et de l'Eau). — Berthollet (Lois sur les Sels). — Fourcroy. — Guyton de Morveau (Nomenclature Chimique). — Black. — Scheele (Chlore). — Bergmann (Acide Sulfurique).

Histoire Naturelle :
Buffon. — Daubenton (Zoologie). — Guéneau de Montbelliard (Oiseaux). — Lacepède (Serpents). — *Linné* (Botanique). — De Jussieu (Méthode naturelle des Plantes). — Cuvier (Anatomie comparée). — L'abbé Haüy (Minéralogie). — Parmentier (Pomme de terre).

Médecine :
Boerhaave. — Stahl. — Bichat (Anatomie). — Jenner (Vaccine). — Valentin Haüy (Aveugles). — Abbé de l'Epée (Sourds-Muets). — Mesmer et Cagliostro (Magnétisme animal).

Voyages :
Bougainville, Vallis, Cook, La Pérouse.

Mécanique :
Vaucanson (Automates).

ARTS.

Peinture :
Vanloo. — Watteau. — Boucher. — Greuze. — David. — Reynolds.

Sculpture :
Coustou jeune. — Bouchardon. — Pigalle (Tombeau du Maréchal de Saxe). — Canova. — Thorwaldsen.

Architecture :
Perronnet. — Ange Gabriel. — Soufflot (Panthéon). — Servandoni (Portail de Saint-Sulpice).

Gravure :
Coypel. — Audran. — Tardieu. — Beauvarlet.

Musique :
Rameau. — Bach. — Pergolèse. — Haendel. — Gluck. — Piccini. — Sacchini. — Mozart. — Grétry. — Haydn. — Cimarosa.

Nantes, imp. Bourgeois, rue Saint-Clément, 115.